요리 9단 보현 스님의
살맛나는 밥상

중앙books

참 고단한 삶입니다.

그럼에도
불구하고

배불리 먹고
땀 흘려 일하며,

힘들 땐
지금처럼 서로
의지하며,

오늘을 맛있게 살아내길
바라는 마음입니다.

- 살맛나는 하루 07
"안녕하세요, 보현입니다!" 중에서

들어
가며

고된 매일을 살아가는
사람들에게

첫 책입니다.

대한민국에는 수행과 법력이 높으신 스님들이 정말 많습니다. 명장 반열에 오를 정도로 사찰음식에 뛰어나신 스님들도 여럿 있습니다. 그분들에 비하면 덕도 부족하고 평범한 내가 이렇게 책을 내게 돼서 낯 뜨겁습니다. 그동안 출간 제안이 많았지만, 이런 부끄러움에 계속 고사해왔습니다. 수행자가 유명세를 떨치는 일은 모두 업장이란 생각도 있었습니다.

하지만 절에서 먹는 사찰음식이 아닌 집에서 매일 먹는 집밥을 맛있게 만들 비결을 나눠달라는 요청에, 특출나지 않은 내 일상 이야기가 오히려 고된 매일을 살아가는 이들의 지친 마음을 위로할 수 있다는 설득에 이렇게 용기를 내게 됐습니다.

그간 유튜브 '요리9단보현스님' 영상 속 레시피를 보기 좋게 정리해주었으면 좋겠다는 말씀들을 많이 주셨습니다. 700개가 넘는 영상을 통해 음식 만드는 과정을 구독자들과 공유하면서도 준비할 재료나 조리 순서 등을 글로 일일이 정리해드리지 못했기 때문입니다.

이 책은 집에서 따라 만들기 좋도록 2~3인분 양에 맞춘 조리법을 담았습니다. 또한, 종이컵(컵)과 밥숟가락(큰술), 손(줌, 춤)만 있으면 다른 계량 도구 없이 어떤 재료든 양을 맞출 수 있도록 정리했습니다. 중생을 위한 음식인 만큼 절에서는 사용하지 않는 파와 마늘, 동물성 식재료인 액젓도 사용했습니다.

예전에 한 매체 인터뷰에서 내 요리 비결에 대해 "매 순간 식자재 본체가 필요로 하는 재료가 무엇인지 알아차리고 그것을 넣어주기만 하면 된다"고 말한 적 있습니다. 찹쌀가루 반죽을 만들었는데 너무 질면 반죽이 필요로 하는 만큼 찹쌀가루를 더 넣고, 반대로 너무 되면 반죽이 필요로 하는 만큼 물을 더 넣습니다. 이렇게 지금 내가 만들고 있는 음식을 잘 살피고 음식이 하는 말에 귀 기울이면, 무슨 재료를 넣을지 어떻게 만들지 미리 생각하지 않아도 만족스러운 요리가 완성됩니다.

우리 삶도 그렇지 않을까요? 지금 이 순간, 지금 여기에 살아있는 내가 무엇을 원하는지 귀 기울이면, 앞으로 어떻게 살아가야 할지 걱정하는 대신 오늘을 맛있게 살아낼 수 있습니다. 특별하지 않은 재료로도 음식을 맛깔나게 만들 수 있고, 평범하디평범한 순간이 모여 오늘 하루를, 인생을 맛있게 만들 수 있습니다.

이 책이 여러분의 오늘을 맛있게 살아내기 위한 작은 씨앗이 되길 바랍니다.

2022년 어느 봄날
보현 합장

목차

들어가며
고된 매일을 살아가는 사람들에게　　　　　　　　　　12

맛내기 비법
시간이 빚어낸 작품, 장(醬)　　　　　　　　　　　　24
숙성의 지혜, 청(淸)　　　　　　　　　　　　　　　 26
채소로 내는 감칠맛, 채수　　　　　　　　　　　　　28

산뜻하게 무치기
무침

돌미나리초무침	35
취나물무침	39
냉이고추장초무침	43
무말랭이무침	47
마늘종무침	51
깻잎도토리묵무침	55
콩나물잡채	59

살맛나는 하루

01	궁전 안 부러운 조그마한 도량	60
02	더도 말고 내가 먹을 만큼만	62
03	땅의 자비와 농부의 노고에 감사하며	64
04	굳은 머리와 날랜 몸	66
05	하늘이 내려준 휴가	68

고소하게 볶기
볶음·구이

김자반	75
유부꽈리고추볶음	79
햇고사리나물볶음	83
질경이나물볶음	87

살맛나는 하루

06 빼빼로 대신 도라지정과	88
07 "안녕하세요, 보현입니다!"	90
08 내일은 내일에 맡기고	92
09 24시간이 모자라는 N잡러	94
10 오늘 하루가 모여 완성되는 삶	96

3장
바삭하게 튀기기
전·튀김

들깨알배추전   103

두릅두부전   107

고추부각   111

살맛나는 하루
11 반려 보살, 모카   112
12 가치를 알려고 애쓰는 사람에게만 보이는 보물   114
13 어제 오늘이 다른 나이   116
14 이웃 콩 농사가 잘돼야 내가 메주를 쑤지   118
15 덧버선 뜨개 명상   121

달달하게 조리기
조림·찜

감자조림	127
들깨연근조림	131
검은콩자반	135
가지찜	139

살맛나는 하루

16 정갈한 승복과 고추장 묻은 작업복	140
17 오신채와 까나리액젓	142
18 중도(中道)의 발효음식	144
19 연꽃 위 개구리	146
20 한 장의 김에 담긴 마음	148

진득하게 기다리기
장아찌

두부장아찌	155
머위장아찌	159
된장얼갈이장아찌	163
삭힌깻잎장아찌	167
오이지	171
표고버섯장아찌	175
비트장아찌	179

살맛나는 하루
21 교회 다닌다는 이웃 보살님	180
22 낙엽 청소	182
23 스님 이전에 엄마	184
24 캐럴 부르는 스님	187
25 잠 못 드는 이를 위한 기도	188

맛깔나게 담그기
김치

민들레김치	195
풋마늘김치	199
쪽파김치	203
고들빼기김치	207
청경채김치	211
총각김치	215

살맛나는 하루
26	좋으면서 싫고 싫으면서 좋고	216
27	김장김치 보시	218
28	출가와 깨달음(1)_산전수전 공중전	220
29	출가와 깨달음(2)_짜릿했던 첫 만남	222
30	출가와 깨달음(3)_우연과 운명	224

시원하게 끓이기
국·탕·찌개

들깨된장미역국	231
된장아욱국	235
콩탕	239
된장청국장찌개	243
묵은지감자짜글이	247

살맛나는 하루
31 출가와 깨달음(4)_집착 버리자 찾아온 선물	248
32 출가와 깨달음(5)_'인생 9단' 보현 스님	250
33 웰컴 투 '보현표' 셰어하우스	252
34 대체 불가한 그 시절 엄마 손맛	254
35 보현 출장미용실 오픈	256

색다르게 즐기기
간식

당면강정	263
막걸리술빵	267
쑥인절미	271
단호박죽	275

살맛나는 하루

36 학교에서 배울 수 없는 것	276
37 오늘과 내일 사이	279
38 비밀의 문으로 들어오는 손님	280
39 시골 마트 나들이(1)_시공간을 초월한 세상	282
40 시골 마트 나들이(2)_공수래공수거	284

맛내기
비법

시간이 빚어낸 작품, 장(醬)

된장
소금물에 메주를 담그고 49일이 되면 담근 장을 된장과 간장으로 나누는 '장가르기'를 합니다. 장가르기한 된장은 3년 이상 숙성시켜 먹어야 맛이 좋습니다. 용화미륵암은 특별히 된장에 말린 밤을 갈아 넣어 감칠맛을 더합니다.

간장
옛날 선조들은 간장을 50년, 100년 이상 오래 묵혀 씨간장을 만들어 두고, 새 간장을 만들 때 섞어서 농익은 맛을 더했습니다. 용화미륵암에서도 10년 묵은 씨간장을 섞어 간장을 만듭니다.

고추장

용화미륵암 고추장은 보리, 찹쌀가루, 돼지감자가루, 고춧가루, 밤가루를 넣고 만듭니다. 밤가루가 고추장 떫은맛을 줄이고 구수한 맛을 더해, 밤가루로 담근 고추장은 쌀뜨물이 아닌 맹물로 찌개를 끓여도 구수합니다. 고추장은 숙성 없이 바로 먹어도 되며, 담근 지 1년에서 2년 사이가 제일 맛있습니다.

막장

직접 띄운 청국장에 고춧가루, 더덕, 된장, 조청, 간장, 돼지감자전분 등을 섞어 만듭니다. 쌈장 대신 먹을 수도 있고, 된장찌개 끓일 때 넣으면 감칠맛이 올라갑니다.

숙성의 지혜, 청(淸)

매실청

노랗게 농익은 매실에 설탕을 넣고 100일간 숙성시켜 만듭니다. 매실에서 독성이 나오기 때문에 담근 지 80일이 되면 매실 열매를 건져내야 합니다. 장아찌나 김치 담글 때 설탕 대신 사용할 용도로는 매실 2, 설탕 3의 비율로, 물에 희석해서 매실 음료용으로는 매실 1, 설탕 1의 비율로 만듭니다.

무조청

무조청은 무청으로 만든 조청으로, 무침이나 볶음 요리 등에 설탕 대신 사용합니다. 만드는 과정이 까다롭고 오래 걸려 조리 자체가 수행인 음식입니다. 무조청이 없는 가정에서는 일반 조청이나 올리고당을 사용해도 무방합니다.

용화미륵암 무조청은 이렇게 만듭니다. 1) 무청에 엿기름을 넣고 무청이 푹 무를 때까지 계속 물을 추가로 넣어가며 끓인다. 2) 무청 건더기를 건져내고 남은 물을 자루에 깨끗하게 거른다. 3) 찹쌀밥으로 식혜를 만들고 자루에 넣어 밥알을 치대 물을 거른다. 4) 걸러낸 식혜 물을 무청 거른 물에 섞고 진해질 때까지 한나절 이상 달인다.

채소로 내는 감칠맛, 채수

채수
물 10리터에 표고버섯 5개, 건다시마 1쪽, 건미역 1쪽, 파뿌리 1줌, 고추씨 1/4컵을 넣고 미역이 흐물흐물해질 때까지 끓여 만듭니다. 파뿌리가 없으면 양파 3개를 대신 넣어 끓여도 됩니다. 끓인 채수는 소분해서 냉동 보관하고 필요할 때마다 해동해서 사용합니다.

돌미나리

취나물

냉이

무말랭이와 건고춧잎

산뜻하게
무치기

마늘종

도토리묵

콩나물

돌미나리

돌미나리는 물미나리보다
줄기는 짧지만 식감과 향이 강하며,
칼슘 함량도 2배 이상 높습니다.
몸의 해독 능력을 돕고
피를 맑게 만드는 식재료입니다.

돌미나리초무침

향긋한 미나리 향이 입맛을 돋우는 돌미나리초무침입니다.
밥반찬으로도 좋지만 따뜻한 밥 한 공기에 올려
강된장 몇 숟갈 넣고 싹싹 비벼 먹어도 맛이 좋습니다.

재료
돌미나리 1줌
양념 고춧가루 3큰술, 설탕 3큰술, 통깨 1큰술, 진간장 3큰술,
식초 3큰술, 다진 실파(실파 3개), 다진 마늘 1/2큰술

만들기
1 돌미나리를 흐르는 물에 깨끗이 씻는다.
2 씻어낸 돌미나리를 식초 넣은 물에 3분 담근 후 물기를 뺀다.
3 시든 잎과 뿌리를 제거하고 손가락 두 마디 크기로 자른다.
4 양념 재료를 넣고 골고루 무친다.

더 알아보기
돌미나리의 식감과 향을 살리기 위해 끓는 물에 데치는 대신
식초 물에 살균합니다.

취나물

'산나물의 왕'으로 불리는 취나물은
비타민 B가 다량 들어있어
피로회복에 도움을 줍니다.
봄나물 가운데 칼슘이
특히 많은 나물로도 손꼽힙니다.

취나물무침

담백하고 고소한 맛과 부드러우면서도 쫄깃한 식감이 일품인 취나물 무침입니다. 특유의 향취가 후각을 자극해 입맛을 돋웁니다.

재료

취나물 3줌
양념 통깨 1큰술, 조선간장 2큰술, 참기름 1/2큰술, 들기름 1/2큰술, 다진 대파(대파 1/8개), 다진 마늘 1/2큰술

만들기

1. 끓는 물에 소금을 넣고 취나물을 10초 이내로 데친다.
2. 데친 취나물을 찬물에 헹구고 물기를 꼭 짠다.
3. 취나물에 양념 재료를 넣고 골고루 무친다.

더 알아보기

나물을 데칠 때는 소금을 약간 넣어야 나물이 파랗게 삶아집니다. 소금을 넣지 않고 데치면 나물 고유의 색이 살아나지 않고 금방 물러집니다.

냉이

냉이는 봄을 알리는 대표적인 나물로,
겨울에서 봄 사이 나오는 냉이가
맛과 향이 가장 좋습니다.
'봄에 먹는 인삼'이라고 불릴 정도로
비타민과 미네랄, 단백질이 풍부한 식재료입니다.

냉이고추장초무침

새콤달콤한 냉이고추장초무침 하나만 놓아도
밥상에 생기가 돕니다.

재료
냉이 3줌, 소금 약간
양념 통깨 1큰술, 무조청 3큰술, 식초 3큰술, 고추장 2큰술,
다진 대파(대파 1/4개), 다진 마늘 1/2큰술

만들기
1 냉이는 흙가루가 나오지 않도록 흐르는 물에 8번 이상 헹군다.
2 끓는 물에 소금을 넣고 냉이를 10초 이내로 데친다.
3 데친 냉이를 찬물에 헹구고 물기를 꼭 짠다.
4 냉이에 양념 재료를 넣고 조물조물 무친다.

더 알아보기
냉이는 흙이 많기 때문에 흐르는 물에 여러 번 헹궈내야 합니다.
제대로 씻지 않으면 돌을 씹게 됩니다.

무를 말리면 칼슘이 10배, 철분이 20배 많아지고,
고춧잎을 말리면 칼슘이 4배, 마그네슘이 6배
증가한다고 합니다. 영양소가 풍부해 보약이라
불리는 무말랭이와 건고춧잎입니다.

무말랭이와 건고춧잎

무말랭이무침

무말랭이무침은 흔한 밥반찬이지만 조금만 방심해도
식감이 흐물흐물해지고 간을 맞추기도 어려워, 잘 만들기가
은근히 까다로운 음식입니다. 절대 실패하지 않는
'보현표' 무말랭이무침 레시피를 공개합니다.

재료
무말랭이 3컵, 건고춧잎 1컵
양념 고운 고춧가루 3컵, 통깨 1/2컵, 물엿 2컵, 액젓 2/3컵,
매실청 1/2컵, 소주 1/2컵, 채수 1/2컵, 다진 대파(대파 2개), 소금 약간

만들기
1. 무말랭이와 건고춧잎을 뜨거운 물에 1분간 불린다.
2. 불린 무말랭이와 건고춧잎을 찬물에 여러 번 헹궈 물을 꼭 짠다.
3. 무말랭이와 고춧잎에 양념 재료를 넣고 잘 버무린다.

더 알아보기
무말랭이의 오독오독한 식감을 살리기 위해서는
물엿을 충분히 넣어야 합니다. 물엿이 부족하면
무말랭이가 흐물흐물해지며, 수분을 머금은 무말랭이는
금방 상할 수 있습니다.

마늘종

마늘 싹이라고도 불리는 마늘종은
마늘의 꽃줄기입니다.
매운맛이 마늘만큼 심하지 않아
나물 요리에 주로 사용되며,
식이섬유가 풍부해 비만 방지에
도움이 됩니다.

마늘종무침

톡 쏘는 맛의 마늘종을 고추장 양념에 잘 버무리면
감칠맛 나는 마늘종무침이 탄생합니다.

재료
마늘종 3줌
양념 고춧가루 1큰술, 통깨 1큰술, 고추장 2큰술, 참기름 1큰술,
무조청 1/2큰술, 다진 마늘 1/2큰술

만들기
1 끓는 물에 소금을 넣고 마늘종을 10초 이내로 데친다.
2 데친 마늘종을 손가락 두 마디 정도로 썰어낸다.
3 마늘종에 양념 재료를 넣고 무친다.

더 알아보기
마늘종을 데치면 물이 생길 수 있습니다. 물이 많이 생기면
고춧가루를 조금씩 더 넣어가며 물기를 잡아줍니다.

도토리묵

도토리의 핵심 성분인 '탄닌'이
몸속의 유해한 활성산소를 제거해
노화를 늦추는 효과가 있다고
알려진 식재료입니다.
수분 함량이 높은 도토리묵은 적은 양으로
포만감을 주어 다이어트에도 좋습니다.

깻잎도토리묵무침

시장이나 마트에서 구입한 도토리묵 완제품은 직접 만든 묵에 비해 맛이 싱겁고 떫습니다. 여기서 소개할 도토리묵은 용화미륵암 뒷산에서 직접 딴 찰도토리를 가루 내서 만든 도토리묵으로, 떫지 않고 단맛이 도는 것이 특징입니다.

재료
도토리가루 1컵, 물 5 1/2컵, 깻잎 5장
양념 고춧가루 1/2큰술, 통깨 1/2큰술, 진간장 3큰술, 매실 1큰술, 참기름 1큰술, 다진 쪽파(쪽파 3개), 다진 마늘 1/2큰술

만들기
1 냄비에 도토리가루와 물을 넣고 걸쭉해질 때까지 끓인다.
2 묵을 유리 용기에 옮겨 담고 평평히 펴서 완전히 식힌다.
3 식힌 도토리묵을 한 입 크기로 썬다.
4 묵에 잘게 썬 깻잎과 양념 재료를 넣고 살살 무친다.

더 알아보기
묵을 끓일 때는 국자로 계속 저어주어야 냄비 바닥에 눌어붙지 않습니다. 묵을 언제까지 끓여야 할지 모르겠으면, 중간중간 묵에 이쑤시개를 꽂아서 이쑤시개가 빳빳이 설 때까지 끓이면 됩니다. 완성된 묵은 완전히 식혀서 물에 잠기도록 담고 용기 뚜껑을 꼭 닫은 채 냉장 보관하면 오래 두고 먹을 수 있습니다.

콩나물

콩나물에는 알코올을 분해하는
아스파라긴산이 풍부하게 들어있어
숙취 해소에 좋습니다. 국 끓일 때 넣으면
시원한 맛을 내며, 찜과 탕, 잡채, 무침 요리에도
폭넓게 활용할 수 있는 식재료입니다.

콩나물잡채

지금은 흔한 잡채가 옛날에는 잔칫집에서나 맛볼 수 있었던 귀한 음식이었습니다. 어릴 적 어머니 손을 잡고 친척 어른 결혼식에 가면서 잡채 먹을 생각에 설레었던 기억이 아직도 생생합니다.

재료
콩나물 3~4줌, 양파 2개, 당근 1개, 파프리카 1개, 당면 3인분
양념 진간장 2큰술, 무조청 2큰술, 참기름 1큰술, 들기름 1큰술, 후춧가루 약간

만들기
1 당면이 퍼질 때까지 물에 충분히 불린다.
2 불린 당면을 끓는 물에 살짝 삶고 찬물에 헹궈 물기를 뺀다.
3 끓는 물에 소금을 넣고 콩나물을 10초 이내로 데친다.
4 양파, 당근, 파프리카를 채 썰어서 삶은 당면과 함께 기름에 볶는다.
5 불을 끄고 데친 콩나물과 양념 재료를 함께 넣어 버무린다.

더 알아보기
콩나물을 데칠 때는 뚜껑을 닫지 않고 열어놔야 비린내가 나지 않습니다. 데친 콩나물은 식탁에 나가기 직전 맨 마지막에 잡채와 버무려야 콩나물의 아삭아삭한 식감을 살릴 수 있습니다.

살맛나는
하루

_____

01

궁전 안 부러운
조그마한 도량

경기도 남양주시
수동면 입석리 산 103-1
용화미륵암.
작고 누추한 나의 도량입니다.

이곳을 유튜브에 공개하기까지
고민이 많았습니다.

사찰이라고 하면 사람들은 으레
정갈하게 정돈된 사찰,
고요한 와중에 간간이 풍경 소리가 들리는
고즈넉한 분위기의 사찰들을 떠올리니 말입니다.

그런 전통사찰들에 비해 용화미륵암은
촌스럽고,
투박하고,
어딘가 조잡해 보이는 공간일지 모릅니다.

하지만
내가 지내기에 부족함이 없고
내게는 가장 좋은 도량이기에
있는 그대로의 모습을 보여주기로 했습니다.
대중에게 음식을 보시하고
부처님께 기도하고,
먹고 자고 일하며
하루하루를 살아내는 곳.
이 조그마한 도량이
나한테는 궁전입니다.

살맛나는
하루
———
02

더도 말고
내가 먹을 만큼만

잣나무 아래 떨어진 잣송이를 주워 담습니다.
송이 하나, 송이 둘, 송이 셋, 송이 넷…
딱 열 개까지만 담습니다.

더 가져가면
손질하랴 다듬으랴
할 일만 많아집니다.

먹다가 남기라도 하면
어떻게 처리할지 고민하며
번뇌가 따라옵니다.

소중한 음식이
골칫덩이가 되면 안 될 노릇입니다.
욕심 내지 않고
내가 먹을 만큼만 담습니다.

살맛나는
하루

03

땅의 자비와
농부의 노고에 감사하며

잣송이 하나에는
백 개가 넘는 잣이 나옵니다.
그런데 잣송이에서 잣을 꺼내는 일이
만만치 않습니다.

펜치를 이용해
잣송이 사이사이의 알맹이를 꺼내고,
망치로 내리쳐
딱딱한 껍데기를 벗겨내고,
다시 그 안에 있는
얇은 껍질을 분리하고,
소쿠리에 담아 흔들며
이물질을 걸러내야 비로소
우리가 아는 노란 알맹이가 나옵니다.

한 입 거리인 열매인데,
입에 넣기까지
이렇게나 많은 손과 시간을
필요로 합니다.

들어간 수고에 비해
너무 조촐한 결과물이지만
땅의 자비와
농부의 노고에 감사하며
귀하게 먹습니다.

살맛나는
하루

04

굳은 머리와
날랜 몸

나를 보고
"스님은 수행은 않고 일만 하는 것 같다"고들 합니다.
그럼 나는 이렇게 대답합니다.
"밭일하고 채소 씻고
반찬 만들고 김치 담그고
유튜브 영상 올리는 일이
모두 내게 수행이고 공부입니다."

마흔 일곱.
남들보다 늦은 나이에 출가해서
머리 깎은 지 10년이 채 되지 않았습니다.
스펀지 같던 머리는
야속한 세월 속 돌처럼 굳어버렸고,
공부하려고 책상머리에 앉으면
머리가 견딜 수 없이 아파옵니다.
선방 수행은 아직 때가 아니구나 싶어
밖으로 나가 몸으로 때우는 정진 중입니다.

'보현'은 실천 수행을 하는 보살입니다.
지금 내가 할 수 있는 일이자
내가 가장 잘하는 일,
사람들에게 내가 만든 음식을 보시하는 일을 하며
현재를 살다보면
또 다른 원력이 생기는 때가 올 것입니다.

남들 보기에 어떨지 모르지만
나는 분명히 수행하고 있습니다.

하늘이 내려준 휴가

쏴아아
하늘이 뚫린 것처럼
비가 쏟아집니다.

이렇게 비가 많이 내리는 날은
밭일, 요리, 도량 가꾸기 등
해야 할 일들을 내려놓고
법당에서 쉽니다.
하늘이 내게 내려준 휴가입니다.

빗소리를 들으며
흙냄새를 맡으며
법당에 앉아 책도 보고
명상도 하고
뜨개질도 하고
꾸벅꾸벅 졸기도 하면서
비가 그칠 때까지
그렇게 한가한 하루를 보냅니다.

김

꽈리고추

―

고소하게 볶기

―

햇고사리

질경이

김

자연이 인간에게 준
최고의 선물이라고 불리는 김은
비타민, 무기질을 고루 갖춘
고단백질 식품입니다. 생으로 먹어도,
불에 살짝 구워 먹어도,
양념을 해서 먹어도 맛이 좋습니다.

김자반

김자반은 준비할 재료가 많지 않고 조리과정도 단순해서 누구나 따라 만들기 좋은 반찬입니다. 고소하고 달콤하고 짭조름한 맛 때문에 아이들에게도 인기 만점입니다.

재료

김 10장, 실파 3개, 홍고추 1개, 청양고추 1개, 참기름 1큰술
양념 진간장 1 1/2큰술, 소주 1큰술, 무조청 1큰술, 물 1/2컵, 다진 마늘 1/2큰술

만들기

1 김을 팬에 올려 중불에 앞뒤로 굽는다.
2 구운 김을 지퍼백에 넣고 곱게 부순다.
3 실파, 홍고추, 청양고추를 잘게 다진다.
4 ②에 ③과 양념 재료를 넣고 주물러서 덩어리로 만든다.
5 ④를 팬에 올리고 수분이 날아갈 때까지 중불로 볶는다.
6 불을 끄고 참기름을 넣는다.

더 알아보기

위 조리법대로 만들면 식감이 부드러운 김자반이 됩니다.
더 바삭하게 만들려면 5단계에서 약불로 오랫동안 볶으면서 수분을 날리면 됩니다.

꽈리고추

표면이 쭈글쭈글하고
일반 고추보다 크기가 작으며
매운맛이 덜한 꽈리고추는
고추의 변이종입니다.
기름에 볶아 먹으면 영양소의 흡수율을
훨씬 높일 수 있습니다.

유부꽈리고추볶음

유부와 꽈리고추의 조합이 신선한 유부꽈리고추볶음입니다.
두 재료의 질감과 식감이 완전히 달라 씹는 재미가 있는
반찬입니다. 단맛과 매운맛이 잘 어우러져 먹어본 분들 말로는
맥주 안주로도 좋다고 합니다.

재료
유부초밥용 유부피 10개, 꽈리고추 1줌, 통깨 1큰술, 식용유 1큰술
양념 들기름 1큰술, 조선간장 1/2큰술, 무조청 1/2큰술,
다진 대파(대파 1/8개), 다진 마늘 1/2큰술

만들기
1 유부는 물기를 꼭 짜서 먹기 좋게 썬다.
2 기름을 두른 팬에 꽈리고추와 양념 재료를 넣고 중불에 볶는다.
3 꽈리고추에 양념이 배면 유부를 넣고 함께 볶는다.
4 접시에 올리고 통깨를 솔솔 뿌린다.

더 알아보기
유부는 이미 조리도 간도 되어 있어서 마지막에 넣고 볶아야 합니다.
유부를 미리 넣으면 곤죽탕이 될 수 있습니다.

햇
고
사
리

고사리는 비구승이 있는 절에서
특히 많이 먹는다고 합니다.
정기가 너무 세면 수행에 방해가 되는데,
고사리에 남성의 정기를 가라앉히는
성질이 있기 때문입니다.
좋은 음식은 상대적인 개념이니
각자 체질에 따라 가려먹으면 되겠습니다.

햇고사리나물볶음

고사리 요리는 주로 봄철 산에서 채취해 말려둔
건고사리를 사용합니다. 이번에 소개할 레시피는
봄에만 먹을 수 있는, 신선한 햇고사리로 만든 나물볶음입니다.

재료
햇고사리 3줌, 식용유 1큰술, 소금 약간
양념 통깨 1큰술, 조선간장 1/2큰술, 참기름 1/2큰술, 들기름 1/2큰술,
다진 대파(대파 1/8개), 다진 마늘 1/2큰술

만들기
1 햇고사리는 질긴 줄기를 제거하고 물에 잘 씻어 준비한다.
2 끓는 물에 소금을 넣고 햇고사리를 10초 이내로 데친다.
3 데친 고사리는 찬물에 헹구어 꼭 짜고, 먹기 좋은 길이로 썰어둔다.
4 팬에 식용유를 두르고 고사리와 양념 재료를 넣는다.
5 양념이 고사리에 밸 때까지 중불에 볶는다.

더 알아보기
나물을 너무 오래 데치면 영양소가 빠지고
식감이 흐물흐물해지니 꼭 10초 이내로 데칩니다.

질경이

질경이는 이름 그대로 목숨이
'질긴' 나물입니다. 논둑, 도로, 길가 등
발 닿는 곳이면 어디에서든 잘 삽니다.
만병통치약으로 불릴 정도로
활용 범위가 넓고
약효도 뛰어난 식물입니다.

질경이나물볶음

발에 밟혀도 수레에 밟혀도 끈질기게 살아내는 질경이를 보면
내 존재가 아주 작게 느껴질 때가 있습니다.
질경이나물볶음 먹고 오늘도 힘내서 질기게 살아가렵니다.

재료
질경이 3줌, 식용유 1큰술, 소금 약간
양념 통깨 1큰술, 조선간장 2큰술, 참기름 1큰술, 들기름 1큰술,
무조청 1/2큰술, 다진 대파(대파 1/8개), 다진 마늘 1/2큰술

만들기
1 끓는 물에 소금을 넣고 질경이를 1분 이상 데친다.
2 데친 질경이는 찬물에 헹구어 꼭 짜고 한 입 크기로 썰어둔다.
3 팬에 식용유를 두르고 질경이와 양념 재료를 넣는다.
4 질경이에 간이 밸 때까지 달달 볶는다.

더 알아보기
질경이는 식감이 질겨서 다른 나물보다 오래 데쳐야 먹기 좋습니다.

살맛나는
하루

06

빼빼로 대신
도라지정과

11월 11일은
'빼빼로데이'로 불리는 날이지만,
빼빼로 대신
길쭉한 모양이 빼빼로와 비슷한
도라지정과를 만들었습니다.

첨가물이 들어가지 않기 때문에
색이 진하지 않고
너무 달지도 않은
용화미륵암 명물입니다.

빼빼로보다 맛도 좋고 몸에도 좋은
이 도라지정과를
하나하나 포장해서,
내 요리를 좋아해주고
내 행보를 응원해주는
고마운 구독자들을 위한
소소한 나눔 이벤트를 열었습니다.

몸에 좋은 도라지정과 먹고
몸에 돈 버시라는 의미입니다.

살맛나는
하루

07

"안녕하세요, 보현입니다!"

많은 사람에게
마음 쉴 의지처가 되어주고 싶다는
그 작은 마음 하나로,
아무 준비도 기대도 없이
맨땅에 헤딩하듯 시작했던
유튜브 '요리9단보현스님' 채널이
많은 사랑을 받고 있습니다.

인기에 연연하지는 않지만,
"안녕하세요, 보현입니다!"라는
영상을 여는 우렁찬 인사말에
세상 시름이 녹아내리고
또 하루를 살아낼 기운이 난다는
팬들의 말을 들으면
마음속 깊이 보람과 감사함을 느낍니다.

참 고단한 삶입니다.
그럼에도 불구하고
배불리 먹고 땀 흘려 일하며,
힘들 땐 지금처럼 서로 의지하며,
나와 그대, 우리 모두가
오늘을 맛있게 살아내길 바라는 마음입니다.

살맛나는
하루

———
08

내일은
내일에 맡기고

지나온 시간에 대한 회환과 그리움에,
보이지 않는 앞날에 대한 걱정과 불안감에
용화미륵암을 찾아오는 분들이 많습니다.

이분들에게 내가 드리는 답은 한결같습니다.

"어제는 어제로 흘려보내고
내일은 내일에 맡기고
지금 이 순간
지금 여기에서 깨어있는 것,
오늘을 열심히 살아내는 것만이
우리가 할 수 있는 일입니다."

지난 과거는
오늘을 살기 위한 교훈으로 삼고
미련 없이 버립니다.
다가올 미래는
오늘을 바탕으로 변하기에
앞서 걱정하지 않습니다.

오늘도 고된 하루를 견뎌냈습니까?
그래서 지금 살아있습니까?
그렇다면,
아주 잘하고 계신 겁니다.

살맛나는
하루
———
09

24시간이 모자라는
N잡러

"스님은 대체 언제 주무세요?"

바쁘게 지내다보니
신도들에게 자주 듣는 말입니다.

그도 그럴 것이
나는 직업이 여러 개라
하루 24시간이 모자랍니다.

법당에서 예불 드릴 때는 스님,
노가다일 할 때는 잡부,
주방일 할 때는 파출부,
요리할 때는 요리사,
농사지을 때는 농사꾼,
나무 다룰 때는 목수,
망가진 수도 손볼 때는 배관공,

전기 수리할 때는 전기공,
도배할 때는 도배공,
마당에 시멘트 바를 때는 미장이…

나, 재능 많은 보현 스님은
투잡 아니고,
스리잡 아니고,
N잡러입니다.

살맛나는
하루
_____
10

오늘 하루가 모여
완성되는 삶

새벽 세 시 반에 일어나서
아침 예불을 드리고,
도량을 일구고,
김치와 장아찌를 담그고,
밭일을 하다보면
어느덧 저녁 일곱 시입니다.

내 몸과 마음으로
성실히 살아낸
평범한 나의 오늘 하루가 모여
한 달이 되고,
계절이 되고,
일 년이 되고,
평생이 되어
내 삶이 됩니다.

알배추

두릅

바삭하게
튀기기

오이고추

알배추

알배추는 더 많은 햇빛을 받기 위해
자세를 낮추고 있다가 속이 꽉 차게 된
배추입니다. 씹을수록 달큼하고 고소한
맛을 내는 알배추는 조리하지 않고
생으로 먹어도 맛이 좋습니다.

들깨알배추전

전은 주로 밥반찬이나 간식으로 먹지만, 들깨알배추전은
들깨의 영양분 때문에 먹었을 때 포만감이 큽니다.
간식은 물론, 한 끼 식사로도 충분한 들깨알배추전을
성인 3명이 배불리 먹을 양 기준으로 소개합니다.

재료

알배추 1통, 부침가루 2컵, 들깻가루 1/2컵, 물 5컵, 소금 약간,
식용유 적당량

만들기

1 끓는 물에 소금을 넣고 알배추를 1분 내로 데친다.
2 데친 알배추를 채반에 밭쳐 물기를 뺀다.
3 들깻가루와 물을 믹서에 넣고 간다.
4 부침가루에 ③을 넣어 반죽이 흐를 정도로 묽게 반죽한다.
5 배추에 부침가루를 묻힌 후 살살 털어낸다.
6 ⑤에 부침가루 반죽을 한꺼풀 입혀 기름 두른 팬에 앞뒤로 부쳐낸다.

더 알아보기

부침가루를 너무 걸쭉하지 않게 반죽해야 맛있습니다.
배추에 반죽을 입혔을 때 물이 뚝뚝 떨어질 정도의
농도가 적당합니다.

두릅

단백질이 많고 혈당을 내리는 성분이 있어
당뇨병에 좋은 식재료입니다.
살짝 데쳐서 초고추장에 무쳐 먹거나
튀김이나 샐러드로 만들어 먹기도 합니다.

두릅두부전

두부에 두릅을 예쁘게 얹어 부친 두릅두부전은
보기에도 참 좋고 영양도 보충할 수 있는 밥반찬이자 간식입니다.

재료

두릅 10개, 두부 1모, 찹쌀가루 1/2컵, 물 1 1/2컵, 소금 약간,
식용유 적당량

만들기

1 두부 1모를 반으로 갈라 1센티미터 두께로 나박썰기 한다.
2 끓는 물에 소금을 넣고 두릅을 10초 이내로 데친다.
3 찹쌀가루를 물에 풀어 반죽을 만든다.
4 기름 두른 팬에 두부 1조각, 두릅 1개, 찹쌀가루 반죽을
  차례로 올려 굽는다.
5 앞뒤로 노릇하게 부친다.

더 알아보기

찹쌀가루 반죽은 두부에 두릅을 붙이는 접착제 역할을 합니다.
절에서는 달걀을 먹지 않아 찹쌀가루 반죽을 쓰지만,
가정에서는 찹쌀가루 반죽 대신 달걀을 풀어 사용하면
맛이 더 좋습니다.

오이고추

아삭아삭한 식감으로 아삭이고추라고도 불리는 오이고추는 고추에 피망을 교배해서 개량한 품종이라고 합니다. 다른 고추에 비해 길쭉하고 굵직한 모양이 특징입니다.

고추부각

밑반찬으로도 좋고 간식으로도 좋은 고추부각입니다.
맵지 않고 고소해서 아이들도 먹을 수 있는 주전부리입니다.

재료

오이고추 10개, 찹쌀가루 1컵, 고운소금 1/2큰술, 설탕 1/2큰술,
식용유 3컵

만들기

1 씻은 오이고추를 반으로 갈라 씨를 뺀다.
2 씨를 뺀 오이고추에 찹쌀가루를 넉넉하게 바른다.
3 찜기에 올리고 고추가 노랗게 변할 정도로 찐다.
4 찐 고추를 건조기에 넣고 바삭해질 때까지 말린다.
5 말린 고추를 체에 담아서 끓는 식용유에 살짝 담갔다가 뺀다.
6 튀겨진 고추에 소금, 설탕을 같은 비율로 골고루 뿌려낸다.

더 알아보기

고추를 식용유에 튀길 때 불은 강불이 아닌 중불에 두어야 합니다.
그렇지 않으면 기름에 고추를 넣자마자 타버립니다.
고추를 끓는 기름에 오래 담가도 고추가 탈 수 있으니
3초 이내로 살짝만 담갔다 뺍니다.

반려 보살, 모카

"궁둥이는 씰룩쌜룩하고요~
앞다리 뒷다리는 짧고요~"

이 출처 불분명한 노래는
내가 어디를 나서든
쫄래쫄래 뒤따라오는
사랑스러운 강아지 보살,
모카의 모습을 볼 때마다
저절로 흥얼거리게 되는 노래입니다.

산을 따라 올라오는 모카를 보면
'어떻게 저리 짧은 다리로
산을 부지런히 오를 수 있을까' 생각에
대견하고 귀여워서
웃음이 절로 나옵니다.

나의 껌딱지
나의 반려 보살
모카,

오래도록 내 옆에 있어주길.

살맛나는
하루

―――
12

가치를 알려고
애쓰는 사람에게만
보이는 보물

오늘은
보물찾기 하는 날!

누구나 맛볼 수 없는
나만을 위한 보물을 찾으러
밭으로 갑니다.

찾았다, 요놈!
이가 빠진 것처럼
속이 덜 찬 파란 배추,
일명 못난이 배추가
내겐 소중한 보물입니다.

상품성은 없지만
버려두기엔 아까운
보물 배추들은
이 요리 연금술사의 손에서
맛있는 겉절이김치로
변신할 예정입니다.

어제 오늘이
다른 나이

영지버섯을 채집하러
오랜만에 산행에 나섭니다.
한낮에는 너무 더우니
새벽 기도 끝나고
후딱 다녀오려 합니다.

그런데 이게 무슨 일?
산에 오른 지 얼마 되지도 않았는데
벌써 다리에 힘이 풀립니다.

믿거나 말거나
작년까지만 해도
축지법을 써서 산에 오를 정도로
체력에 자신 있었는데,
이제 조금만 무리하면
온 삭신이 쑤십니다.
역시 세월은 못 속이나 봅니다.

이 글을 보는 분들에게
한 가지 당부 말씀!

황천길 가기 싫으면
영지버섯은 웬만하면 사 드시길 바랍니다.
영지버섯과 독버섯은 구별하기 어려워
큰 사고로 이어질 수 있습니다.

살맛나는
하루
─────
14

이웃 콩 농사가 잘돼야
내가 메주를 쑤지

우체국 갈 일이 있어
차를 타고 동네를 지나가는데
콩을 털고 있는 이웃 거사님이 보입니다.

그래서 운전하던 차를 세우고
"올해 콩 농사는 잘 됐습니까" 하고
물어봤습니다.

오지랖이 아닙니다.
이웃의 콩 농사가 잘 안 되면
메주 쑤는 내 일도 그만큼 줄고
이웃의 콩 농사가 잘 되면
메주 쑤는 내 일도 덩달아 많아집니다.

이렇게 모든 생명과 우주는
그물코처럼 이어져 있기에
이웃의 안부, 이웃 농사의 결과는
내게 아주 중요한 사안입니다.

작년에는 이웃 할머니들이
콩 농사를 잘 지으신 덕에
좋은 콩으로 메주를 많이 쑬 수 있었습니다.

올해는 또 어떤 인연으로
메주를 얼마만큼 쑤게 될지
기대가 됩니다.

살맛나는
하루

15

덧버선
뜨개 명상

도라지 껍질도 다 깠고
더덕 껍질도 다 깠고
오늘 할 일을 모두 끝냈습니다.
이렇게 더 이상 할 일이 없을 때
나는 뜨개질을 합니다.

뜨개질을 하면서
염불을 할 수도 있고
나만의 사색에 잠길 수도 있으며
산란한 마음을 가라앉힐 수도 있습니다.
내면에 집중할 수 있는
소중한 시간입니다.
치매예방에도 효과적이니
일석이조가 따로 없습니다.

한 땀 한 땀 마음을 담아
완성한 예쁜 덧버선은
이웃에게도 선물하고
나도 신습니다.

감자

연근

―

달달하게
조리기

―

서리태

가지

감자

어렵게 살던 시절 밥 대신
주식 역할을 하기도 했던 감자는
국가 불문, 나이 불문 많은 사람에게
사랑받는 식재료입니다.
조림, 볶음, 튀김, 찜 등 다양하게
활용됩니다.

감자조림

감자는 4월 초에 심어서 장마 전에 수확한 하지 감자가 가장 맛있습니다. 감자가 가장 맛있는 계절인 여름에 다양한 감자 요리를 즐깁시다.

재료
감자 3개, 양파 1개, 식용유 2큰술, 무조청 1/2큰술, 물 5컵
양념 진간장 1/3컵, 다진 대파(대파 1개), 다진 마늘 1/2큰술

만들기
1 감자는 한 입 크기로 썰고 양파는 얇게 채썬다.
2 기름 두른 팬에 감자와 양파를 함께 볶는다.
3 감자의 겉면이 노릇하게 익으면 물과 양념 재료를 넣고 자박자박하게 조린다.
4 불을 끄고 무조청을 넣어 살살 버무린다.

더 알아보기
감자를 조릴 때 처음엔 강불로 감자를 익히고 국물이 절반으로 줄면 중불로 줄입니다. 무조청은 미리 넣으면 탈 수 있으니 불을 끄고 넣습니다.

연근

연근은 식이섬유와 비타민을
골고루 포함한 건강 식재료입니다.
가늘고 긴 숫연근보다 굵고 짧은
암연근이 수분이 많고 섬유질이 적어
맛이 좋습니다.

들깨연근조림

연근조림은 누구나 좋아하는 국민 밥반찬입니다.
구수한 들깻가루를 넣어 함께 조리면 고소함이 더해집니다.
짭조름하면서 달콤한 맛과 아삭하고 쫀득한 특유의 식감이
일품입니다.

재료
연근 1개, 물 2컵, 무조청 2큰술, 소금 약간
양념 들깻가루 1큰술, 진간장 1/3큰술

만들기
1. 연근을 1센티미터 미만의 두께로 썬다.
2. 끓는 물에 소금을 넣고 연근을 2~3분 삶는다.
3. 삶은 연근은 체에 밭쳐 물기를 제거한다.
4. 냄비에 물, 연근, 양념 재료를 넣고 중불로 조린다.
5. 불을 끄고 무조청을 넣어 단맛을 더한다.

더 알아보기
연근을 양념에 조릴 때 국물이 남지 않을 때까지 바싹 졸여버리면
식감이 뻑뻑해집니다. 국물이 자작하게 남았을 때 불을 꺼야
촉촉하게 먹을 수 있습니다.

서리태

블랙푸드의 대명사로 불리는 서리태는
콩 중에서도 노화 방지 성분 함량이 높다고
알려집니다. 바로 조리해 먹기도 하지만,
가공해서 장이나 두부 등을 만드는 데에도
활용합니다.

검은콩자반

남녀노소 누구나 좋아하는 반찬이자 도시락 반찬의 '끝판왕', 콩자반입니다. 밥에 콩자반과 나물을 넣고 비벼 먹어도 별미입니다.

재료
서리태(검은콩) 3컵, 통깨 1큰술, 물 5컵
양념 진간장 2컵, 무조청 2큰술

만들기
1 콩에서 거품이 나지 않을 때까지 물에 헹군다.
2 깨끗이 씻은 콩을 물에 1시간 불린다.
3 불린 콩에 물과 양념 재료를 넣고 국물이 자박자박할 때까지 조린다.
4 통깨를 올려 상에 낸다.

더 알아보기
양념 국물을 너무 바짝 졸이면 시간이 지나면서 콩이 마르고 딱딱해집니다. 국물이 자박자박할 때까지만 졸여야 촉촉하게 오래 먹을 수 있습니다.

가지

가지는 열을 낮추고 몸속 수분을
보충해주는 효능이 있어서
여름철에 제격인 채소입니다.
흐물거리는 식감 탓에 호불호가
갈리지만, 구이나 튀김으로 요리하면
거부감 없이 즐길 수 있습니다.

가지찜

가지찜은 달콤한 감칠맛과 꽈리고추의 향이 조화를 이루는 음식입니다. 갓 지은 밥에 얹어 덮밥으로 먹어도 참 맛있습니다.

재료
가지 3개, 꽈리고추 1줌, 밀가루 3큰술
양념 통깨 1큰술, 고춧가루 1/2큰술, 참기름 2큰술, 조선간장 1 1/2큰술, 무조청 1/2큰술, 다진 쪽파(쪽파 1개), 다진 마늘 1/2큰술

만들기
1 가지를 한 입 크기로 썬다.
2 가지, 꽈리고추, 밀가루를 지퍼백에 넣고 흔든다.
3 밀가루 옷을 입힌 가지와 꽈리고추를 찜기에 5~7분 찐다.
4 그릇에 담고 양념 재료를 넣어 조물조물 버무린다.

더 알아보기
가지의 물컹거리는 식감을 줄이려면 가지를 썰어 소금에 절여두었다가 물기를 꼭 짜서 쓰면 됩니다.
소금에 절인 가지를 쓸 때는 양념에서 조선간장 양을 줄이면 간이 맞습니다.

정갈한 승복과
고추장 묻은 작업복

나는 빈틈이 많은 스님입니다.
요리를 하다가도
영상을 찍다가도
말을 하다가도
곧잘 실수합니다.

그런데 이상하게 사람들은
빈틈 많고
어딘가 어설픈 스님의 모습을
좋아해주는 것 같습니다.
정갈하게 승복을 차려입은 모습보다
때 타고 해진 일복 입은 모습을
더 좋아해주는 것 같습니다.

그래서 나는 더더욱
내 모습을 꾸며내지 않습니다.
요리하다가 바지에 고추장이 떨어지면
고추장 묻은 바지 입은 모습 그대로를 보여줍니다.
영상을 찍다가 말실수를 해도
굳이 편집하지 않고 그대로 내보냅니다.

스님이라고 어렵게 생각 말고,
특출난 데는 없어도
음식 손맛 하나만큼은 으뜸인
옆집 아주머니라고 생각하고
편하게 다가왔으면 좋겠습니다.

살맛나는
하루

17

오신채와
까나리액젓

내가 만드는 음식은 사실
완전한 사찰음식도,
완전한 채식 요리도 아닙니다.
불교에서 금하는 오신채와
동물성 식재료인 까나리액젓을 사용하기 때문입니다.

마늘·파·달래·부추·흥거는
먹으면 몸에 열이 생기고 음욕을 일으켜
수행을 방해한다는 이유로

불교에서 금하는 식재료입니다.
육식 재료인 액젓은 말할 것도 없습니다.

하지만 나는
수행자를 위한 음식이 아닌
일반 중생을 위한 음식을 만들고자,
대중 입맛에 맞는 음식으로
대중에게 조금 더 다가가고자
오신채와 액젓을 사용합니다.

불자들에게 많은 쓴소리를 들었습니다.
더 열심히 수행 정진하라는 채찍질입니다.

그래도
맛있는 음식으로 중생에게 다가가
삶의 고단함과 상처를 어루만져주고 싶은
이 못난 스님의 마음만은
알아주었으면 합니다.

내가 만드는 음식은
사찰음식이 아니라 중생들을 위한 음식입니다.

살맛나는
하루
─────
18

중도(中道)의
발효음식

가공 없이 원재료를 살린 사찰음식은
대중 입맛에 밋밋합니다.

대중의 자극적인 입맛에 맞춘 가공 음식은
건강에 해롭습니다.

고민 끝에 떠올린 둘의 접점이
발효음식입니다.

기다릴수록 더 맛있어지는 발효음식은
특유의 감칠맛으로 음식에 풍미를 더하지만
가공이 과하지 않아 건강에 무해한
중도의 음식입니다.

살맛나는
하루
___
19

연꽃 위
개구리

연꽃잎에 이슬방울이 대롱대롱 맺히면
개구리가 목을 축이러 놀러옵니다.

연꽃이 말합니다.
"개구리야, 너 목마르니?"

개구리가 말합니다.
"응, 혹시 내게 이슬 한 방울만 줄 수 있니?"

연꽃이 활짝 웃으며 대답합니다.
"그럼, 너 주려고 모아두었거든!"

진흙 속에서도 꽃을 피우는 연꽃처럼
목마른 개구리에게 이슬을 나눠주는 연꽃처럼
그렇게 살고 싶습니다.

살맛나는
하루

한 장의 김에
담긴 마음

부모와 다섯 남매,
일곱 명이 밥상에 둘러앉아
밥을 먹습니다.

김과 김치가 반찬의 전부인
조촐한 밥상.
가운데 놓인 열 장의 김을
아버지 세 장
어머니 두 장
아이들 한 장씩
나눠 먹습니다.

아버지는
한 장의 김을 아끼고 아껴
수십 번에 나눠 먹는 한 아이에게
눈짓으로 신호를 보냅니다.
그러고는 다른 아이들 몰래
밥상 아래로 본인 몫의 김을 건네줍니다.

아버지 찬스로 김 한 장을 더 먹고도

못내 아쉬운 아이는
혹시 모를 기대를 하며
아버지 눈을 또 마주칩니다.
그러면 아버지는 또 한 번 신호를 보내고
상 밑으로 김을 건네줍니다.

어릴 적 몸이 약했던 나를
유난히 어여삐 여기셨던
속가 아버지와의 추억입니다.

지독한 가난에도
자식들 굶기지 않기 위해
열심히 일하셨던 아버지,
몸에 금칠은 못해줘도
헐벗고 다니지 않도록
자식 위해 평생 헌신하셨던 아버지,

그 훌륭했던 아버지가 오늘따라 그립습니다.

두부

머위

얼갈이배추

삭힌깻잎

———

진득하게
기다리기

———

오이

표고버섯

비트

두부

두부는 단백질이 풍부해
밭에서 나는 고기로 불립니다.
채식이 유행하면서 이전보다
더 주목받고 있는 식재료입니다.

두부장아찌

모양은 두부조림과 비슷하지만 맛이 더 깔끔한
두부장아찌입니다. 조리 후 숙성 없이 바로 먹어도 맛있습니다.

재료
두부 1모, 새송이버섯 2개, 청양고추 1개, 홍고추 1개,
통깨 1/2큰술, 식용유 약간
간장물 양파 1/2개, 진간장 1/2컵, 물 1/2컵, 소주 1/4컵, 매실청 1큰술,
무조청 1/2큰술

만들기
1 두부는 나박썰기 하고, 새송이버섯은 길게 3등분 한다.
2 식용유 두른 팬에 두부와 새송이버섯을 부친다.
3 청양고추, 홍고추를 어슷썬다.
4 냄비에 간장물 재료를 넣고 거품이 날 때까지 강불로 끓인다.
5 두부와 새송이버섯 위에 ③을 고명으로 올리고, 끓인 간장물을 붓는다.
6 통깨를 올려 상에 낸다.

더 알아보기
두부는 부드러운 찌개용말고 단단한 부침용으로 사용합니다.

머위

머위는 황사와 미세먼지로부터
호흡기를 보호해주는 대표적인
봄나물입니다. 쌈, 무침, 김치, 장아찌,
볶음 등 다양한 요리에 활용합니다.

머위장아찌

쌉쌀하면서 칼칼한 맛에 자꾸 젓가락이 가는 머위장아찌입니다. 너무 시지도 달지도 짜지도 않아 밥반찬으로 부담이 없습니다.

재료
머위 5줌, 소금 약간
간장물 설탕 1컵, 진간장 1컵, 액젓 1컵, 매실청 1컵, 식초 1컵, 소주 1컵

만들기
1 끓는 물에 소금을 넣고 머위를 10초 이내로 데친다.
2 데친 머위를 찬물에 씻고 물기를 꼭 짠다.
3 냄비에 간장물 재료를 넣고 거품이 날 때까지 강불로 끓인다.
4 머위를 용기에 담고, 끓인 간장물을 식히지 않은 채로 붓는다.
5 하루 동안 숙성시킨다.

더 알아보기
액젓을 넣어야 감칠맛이 나지만, 동물성 식재료를 쓰고 싶지 않다면 액젓을 빼고 진간장을 1컵 추가하면 됩니다.

얼갈이배추

속이 꽉 차지 않고 잎이 성글게 붙어있는
얼갈이배추는 주로 겉절이나 무침으로 먹습니다.
뿌리와 심에 깊은 맛이 배어있는 배추입니다.

된장얼갈이장아찌

물에 밥 말아 먹을 때 반찬으로 곁들이면 꿀맛인 된장얼갈이장아찌입니다. 육류와도 궁합이 좋으니 일반 가정에서는 고기 먹을 때 함께 먹어보길 권합니다.

재료
얼갈이배추 1단
된장물 된장 4큰술, 채수 5컵, 소주 1컵, 매실청 1컵

만들기
1 끓는 물에 얼갈이배추를 5초 이내로 데친다.
2 데친 얼갈이배추를 찬물에 씻고 물기를 꼭 짠다.
3 냄비에 된장물 재료를 넣고 거품이 날 때까지 강불로 끓인다.
4 얼갈이배추를 용기에 담고 끓인 된장물을 식히지 않은 채로 붓는다.
5 하루 동안 숙성시킨다.

더 알아보기
얼갈이배추는 5초 이내로 짧게 데쳐야 아삭한 식감을 살릴 수 있습니다. 완성된 장아찌는 냉장고에 하루 두었다가 다음 날 먹으면 간이 배어 더 맛있습니다.

삭힌깻잎

삭힌깻잎은 깻잎을 소금에 절여
100일 이상 삭혀 잎이 노래진 깻잎입니다.
생깻잎보다 더 깊은 맛을 냅니다.

삭힌깻잎장아찌

입맛 없을 때 흰쌀밥에 올려 먹으면 목 막힘 없이
술술 넘어가는 삭힌깻잎장아찌입니다. 씹을 때마다
깻잎 향이 너울너울 춤추며 입속에 퍼지는 풍미 깊은 반찬입니다.

재료
삭힌깻잎 2덩이(약 200장)
양념 고춧가루 2컵, 통깨 1/3컵, 물엿 2컵, 액젓 1/2컵, 소주 1/2컵, 채수 1/2컵, 다진 대파(대파 1개)

만들기
1 삭힌깻잎을 물에 반나절 담가 소금기를 뺀다.
2 깻잎을 1장씩 흐르는 물에 헹구고 물기를 꼭 짠다.
3 양념 재료를 모두 섞어서 깻잎 2~3장 사이에 한 번씩 바른다.

더 알아보기
시장이나 마트에서 구할 수 있는 삭힌깻잎은
숙성을 위해 소금이 많이 들어간 깻잎이라
조리 전 소금기를 꼭 빼야 합니다. 이미 숙성된 깻잎으로 만드는
장아찌이므로 조리 후에는 따로 숙성할 필요 없이
바로 먹을 수 있습니다.

오이

한 입 베어 물면 싱그러운 맛과 향이
입안 가득 번지는 채소입니다.
9할 이상이 수분으로 구성된 오이는
여름철 갈증 해소에도 좋습니다.

오이지

더운 날 흰밥에 오이지 한 조각이면 집나간 입맛이 돌아옵니다. 숙성하면서 향이 중화되어, 오이 특유의 향을 싫어하는 사람들도 맛있게 먹는 밥반찬입니다.

재료

오이 10개, 소금 2컵, 물엿 6컵, 소주 1컵

만들기

1 오이에 소금, 물엿, 소주를 붓고 밀폐 용기에 넣어 7일간 실온에 둔다.
2 오이가 노랗게 익으면 냉장고에 보관한다.

더 알아보기

레시피 양대로 물엿을 충분히 넣어야 식감이 오독오독해지고 무르지 않습니다. 오이지를 오랫동안 변질 없이 먹으려면 오이지에서 생긴 물을 버리지 않은 채 냉장 보관하면 됩니다.

표고버섯

동물성 재료를 멀리하는 절에서
버섯은 고기 역할을 대신 하는
고마운 식재료입니다. 표고버섯은
버섯 중 특히 향미가 좋아 국물을
내는 재료로도 쓰입니다.

표고버섯장아찌

소고기장조림보다 맛있고 건강에도 좋은 표고버섯장아찌입니다.
표고버섯의 쫄깃한 식감에 오이고추의 아삭한 식감을 더했습니다.

재료

표고버섯 12개, 오이고추 10개, 홍고추 2개
간장물 설탕 1/2컵, 진간장 1/2컵, 매실청 1/2컵, 소주 1/2컵, 물 1/2컵

만들기

1 표고버섯을 끓는 물에 10초 이내로 데친다.
2 오이고추와 홍고추를 한 입 크기로 썬다.
3 냄비에 간장물 재료를 넣고 거품이 날 때까지 강불로 끓인다.
4 용기에 표고버섯, 오이고추, 홍고추를 담고 끓인 간장물을 붓는다.

더 알아보기

생표고버섯 대신 물에 불린 건표고버섯으로 만들면
식감이 더욱 쫄깃해집니다.

비트

뿌리채소의 보석이라고 불리는 비트는
혈관에 쌓인 노폐물을 청소하고
혈액을 맑게 합니다. 요리뿐만 아니라
건강보조식품으로도 인기인 채소입니다.

비트장아찌

비트장아찌는 오이지에 버금가는 만능 장아찌입니다.
흰밥에 반찬으로 먹고, 김밥에 넣어 먹고, 양념에 무쳐 먹고,
냉국으로 만들어 먹을 수도 있습니다.

재료
비트 3개, 소금 1컵, 물엿 3컵, 소주 1컵

만들기
1 비트를 1개당 6쪽씩 나오게 썬다.
2 밀폐 용기에 비트를 담고 소금, 물엿, 소주를 붓는다.
3 하루 동안 실온에서 숙성시킨다.

더 알아보기
비트장아찌도 오이지와 똑같이 오도독오도독 씹히는 식감을
살리려면 물엿이 넉넉히 들어가야 합니다. 장아찌에 물이 생기면
버리지 말고 비트가 물에 잠기도록 둬야 상하지 않게
보관할 수 있습니다.

교회 다닌다는
이웃 보살님

이게 무슨 일인가요.
이웃 아주머니가 교회에 다니기 시작했답니다.
용화사 일도 도와주고
함께 점심 공양도 하며
친하게 지내는 보살님인데,
이제 절교를 해야 할까요?

그럴 리가요.
부처님이든 하느님이든
믿음의 대상이 생기고,
그로써 오늘을 살아갈 의지가 생겼다면
진심을 담아 축하할 일입니다.

우리 인간은 혼자 살 수 없습니다.
내가 부족할 때는 이웃 도움도 받고
이웃이 부족할 때는 내가 도와주기도 하고
때로는 부처님의 자비에
때로는 하느님의 사랑에 의지하며
모두가 더불어 사는 세상입니다.

낙엽 청소

모카야,
여기 지붕으로 올라와서
낙엽 좀 쓸어내릴래?
스님 혼자 하려니까
두 다리가 후들거린다.
넌 다리가 네 개잖니.
이리 폴짝 올라와보렴.

이리 와, 모카.
스님 옆에 누워서
낙엽 요 깔고
낙엽 이불 덮고
낙엽 베개 베고
가을 맛을 제대로 느껴봐!
극락이 따로 없다, 야.

모카야,
낙엽 타는 냄새 참 좋지?
이리 와서 낙엽 타는 연기도 좀 봐봐.

밤나무에 구름꽃 핀 것 같지 않니?
저 연기를 타고
하늘로 훨훨 날아가고 싶다.

오늘 낙엽 청소는 여기까지!
덕분에 가을 여행 참 잘했다.

살맛나는
하루

―――
23

스님 이전에
엄마

오늘은 절에서 차로 15분 거리인
김 처사 집에 들렀습니다.

절에서 먹지 않는 속가의 음식,
그중에서도 김 처사가 좋아하는 반찬들을
잔뜩 해놓고 가려고 합니다.
메추리알장조림, 어묵볶음, 제육볶음…
모두 김 처사가 어릴 때부터 좋아하던 반찬입니다.

앞에 아주 큰 소나무가 버티고 서 있고
물 흐르는 냇가 소리가 바로 옆에서 들리는
이 자연 속의 집은
시내에서 꽤 멀리 떨어져 있습니다.

젊은 사람 혼자 살기에는
너무 넓고 적적한 이 집에
혼자보다 둘이 살았으면,
김 처사가 얼른 배필을 찾았으면 하는 마음인데
정작 당사자가 장가갈 생각이 없어서
고민입니다.

김 처사가 장가를 가야
남은 속가의 인연을 내려놓을 수 있을 텐데
자식이 내 마음처럼 되지 않습니다.

살맛나는
하루

24

캐럴 부르는 스님

흰 눈 사이로 썰매를 타고
달리는 기분 상쾌도 하다
종이 울려서 장단 맞추니
흥겨워서 소리 높여 노래 부른다
종소리 울려라 종소리 울려
우리 썰매 빨리 달려 종소리 울려라
종소리 울려라 종소리 울려
기쁜 노래 부르면서 빨리 달리자

캐럴 부르는 스님이라니,
참 안 어울리지요.
하지만 어쩌겠습니까.
소복소복 쌓이는 눈을 보니
눈 속에서 뛰어놀던 어린 시절이 생각나서
절로 노래가 나옵니다.

속가에 있었으면 손주 볼 나이인데
마음은 아직 열여덟에 멈춰 있는 것 같습니다.

잠 못 드는 이를 위한 기도

부처님께 발원합니다.

불면증으로 힘들어하는 중생들이 많습니다.
이 제자의 육성이 잠 못 드는 이들의 귀에
엄마의 포근한 자장가로 들릴 수 있도록
가피를 내려주십시오.

이 제자의 불공과 공덕으로
모든 중생이 편안하고 행복한 밤을 보낼 수 있도록
힘을 실어주십시오.

여러분,
지금부터 잠자리에 드세요.
엄마의 마음으로
천수경 자장가를 불러드리겠습니다.

크게 세 번 심호흡하시고 눈을 감으세요.
아무 생각 마시고
그저 부처님과 저만 생각하시고
머리를 비워주십시오.
그럼 시작하겠습니다.

정구업진언
수리수리 마하수리 수수리 사바하
수리수리 마하수리 수수리 사바하
수리수리 마하수리 수수리 사바하

오방내외안위제신진언
나무 사만다 못다남 옴 도로도로 지미 사바하
나무 사만다 못다남 옴 도로도로 지미 사바하
나무 사만다 못다남 옴 도로도로 지미 사바하

개경게
위없이 심히 깊은 미묘한 법을
백천만겁 지난들 어찌 만나리
제가 이제 보고 듣고 받아지니니
부처님의 진실한 뜻 알아지이다

개법장진언
옴 아라남 아라다
옴 아라남 아라다
옴 아라남 아라다 …

민들레

풋마늘

쪽파

―

맛깔나게 담그기

―

고들빼기

청경채

총각무

민들레는 지천에서 나는 흔한 재료지만
약성이 좋아 귀한 나물입니다.
간과 위 건강에 특히 좋은 식재료입니다.

민들레

민들레김치

쌉싸름한 맛이 매력인 민들레김치입니다. 김치 쓴맛이
익숙지 않은 사람도 보약이라 생각하고 천천히 음미하다보면
몸에도 좋고 맛도 좋은 민들레김치의 매력에 푹 빠질 겁니다.

재료

민들레 1줌
양념 고춧가루 2컵, 통깨 1큰술, 채수 1컵, 매실청 1컵, 소주 1/2컵,
액젓 2큰술, 다진 대파(대파 2개), 다진 마늘 1큰술, 다진 생강 1/3큰술

만들기

1 민들레 뿌리를 제거한다.
2 민들레를 흙이 나오지 않을 때까지 씻고 체에 밭쳐 물기를 뺀다.
3 양념 재료를 모두 섞어 민들레에 넣고 버무린다.

더 알아보기

소주는 김치를 오래 두고 먹을 수 있게 만드는 방부제 역할을 합니다.
단, 민들레김치는 시간이 흐를수록 쓴맛이 진해질 수 있으니 묵히지 말
고 며칠 만에 먹는 것이 좋습니다.

풋마늘

생김새는 쪽파와 비슷하지만
쪽파보다 식감이 부드럽습니다.
주로 데쳐서 무쳐 먹거나
김치로 담가 먹습니다.

풋마늘김치

알싸한 맛으로 봄철 입맛을 돋우는 풋마늘김치입니다. 모양은 쪽파김치와 비슷하지만 마늘 특유의 향과 맛이 깊게 나는 별미입니다. 새콤해질 때까지 익혀 먹으면 풍미가 더욱 올라갑니다.

재료

풋마늘 1단, 소금물(물 5컵, 소금 1컵)
양념 사과 1/4개, 무 1/10개, 고춧가루 2컵, 채수 1/2컵, 액젓 1/2컵, 매실청 1/3컵, 다진 생강 1큰술

만들기

1 풋마늘을 손가락 두 마디 크기로 잘라서 소금물에 1시간 동안 절인다.
2 양념 재료를 믹서에 갈고, 절여 둔 풋마늘에 넣어 버무린다.

더 알아보기

풋마늘김치는 다른 김치와 달리 물이 많이 생기지 않아 익는 데 시간이 좀 걸립니다. 양념을 만들고 난 믹서에 추가로 채수를 부어 남은 양념을 싹싹 긁어내고 풋마늘김치에 자작하게 부어주면 김치를 잘 익혀 먹을 수 있습니다.

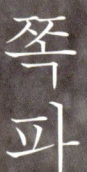

쪽파

쪽파에는 따뜻한 기운이 있어
겨울철 감기를 예방하고 면역력을
높여줍니다. 파전, 파김치뿐만 아니라
각종 요리의 기본양념으로도 쓰이는
약방의 감초 같은 채소입니다.

쪽파김치

겉절이로 먹어도 맛있고 새콤하게 익혀 먹어도 맛있는 쪽파김치입니다.

재료

쪽파 1단
양념 고춧가루 3컵, 액젓 1컵, 매실청 1컵, 채수 1컵, 다진 생강 1/2큰술

만들기

1 쪽파는 뿌리를 잘라 손질한다.
2 손질한 쪽파를 흐르는 물에 씻는다.
3 양념 재료를 섞어 쪽파에 발라 밀폐 용기에 꼭꼭 눌러 담는다.

더 알아보기

줄기가 여러 갈래로 가늘게 나뉘지 않은 쪽파를 사용해야 신선한 쪽파김치를 만들 수 있습니다.

고들빼기

고들빼기는 국화과에 속하는
두해살이풀로, 특유의 쌉싸름한 맛이
입맛을 돋우는 채소입니다.
비타민이 풍부해서 감기 예방과
피부 미용에 좋습니다.

고들빼기김치

유튜브에 레시피를 공개했을 때 가장 반응이 좋았던 김치입니다. 겉절이로 먹어도 되지만 푹 익었을 때 더 맛있습니다.

재료

고들빼기 2단, 소금물(물 20컵, 소금 1컵)
양념 고춧가루 2컵, 통깨 1큰술, 매실청 1컵, 액젓 1/2컵, 채수 1/2컵, 다진 대파(대파 1개), 다진 마늘 1큰술, 다진 생강 1/2큰술

만들기

1. 고들빼기는 뿌리를 잘라내지 않은 채 다듬는다.
2. 다듬은 고들빼기를 소금물에 한나절 동안 절인다.
3. 절인 고들빼기를 물에 여러 번 헹구고 물기를 꼭 짠다.
4. 양념 재료를 모두 넣고 버무린다.

더 알아보기

고들빼기는 소금물에 24시간 이상 절여야 쓴맛이 충분히 빠집니다. 고들빼기의 쓴맛을 좋아하면 이 단계를 생략해도 됩니다.

청경채

중국 요리 단골 재료인 청경채에는
비타민 C와 식이섬유, 칼슘, 칼륨 등
인체에 필요한 무기질 성분이
10가지 이상 들어있다고 합니다.
푸릇한 색감과 싱그러운 향,
아삭한 식감이 매력적인 채소입니다.

청경채김치

청경채는 주로 데치거나 볶아 먹지만 생으로 무치면
아삭한 식감을 살릴 수 있습니다. 겉절이로 먹어도,
익혀 먹어도 맛있는 청경채김치입니다.

재료

청경채 12포기, 건고추 10개, 소금물(물 5컵, 소금 1컵), 채수 1컵,
찬밥 1큰술
양념 고춧가루 2큰술, 설탕 1/2큰술, 매실청 1/3컵, 액젓 1/3컵,
다진 실파(실파 10개), 다진 마늘 1/2큰술

만들기

1 청경채를 절반으로 갈라서 소금물에 1시간 절인다.
2 건고추를 채수에 불려둔다.
3 ②에 찬밥을 더해 믹서에 간다.
4 양념 재료를 모두 섞어서 청경채에 골고루 바른다.

더 알아보기

불린 고추를 믹서에 갈 때는 너무 오래 갈지 말고
고추 입자가 남을 정도로 갈아야 건고추의 풍미를
살릴 수 있습니다.

총각무

달랑무, 알타리무로도 불리는
총각무는 무청 생김새가
마치 상투 틀지 않은 총각 머리와
비슷하다고 해서 총각이란 이름이
붙여졌다고 합니다. 비타민 C가
풍부해 감기 예방에 좋습니다.

총각김치

총각김치는 새콤하게 익혀 먹으면 더욱 맛있습니다.
특히 라면에 곁들이면 아주 그만입니다.

재료

총각무 1단, 소금물(물 5컵, 소금 1컵)
양념 고춧가루 4컵, 채수 2컵, 밀가루풀(물 1컵, 밀가루 1/4컵), 매실청 1컵, 액젓 1/2컵, 다진 대파(대파 3개), 다진 마늘 1큰술, 다진 생강 1/2큰술

만들기

1 총각무는 시든 잎을 제거하고 껍질을 얇게 벗겨낸다.
2 다듬은 총각무를 물에 씻고 소금물에 1시간 절인다.
3 양념 재료를 모두 섞어 총각무에 넣고 버무린다.

더 알아보기

총각무는 무청이 절여질 때까지만 소금물에 절이면 됩니다.
고춧가루 양은 취향에 맞게 조절합니다.

살맛나는
하루

26

좋으면서 싫고
싫으면서 좋고

볼일이 있어 마을에 내려왔다가
갑자기 눈이 많이 내리는 바람에
발이 묶여 버렸습니다.

용화미륵암은
산속 깊이 있는 절은 아니지만
올라가는 길이 험해서
눈이 조금만 쌓여도
차가 올라가지 못합니다.

큰일입니다.
절에 올라가서 할 일이 많은데…
이제 곧 저녁 예불 드릴 시간인데…

그런데
온 세상을 하얗게 뒤덮는 눈을
가만히 지켜보니
이상하게 마음이 평화롭고
기분이 들뜹니다.

아, 큰일입니다.
눈이 점점 더 많이 옵니다.
언제쯤에야 절에 돌아갈 수 있을까요.

살맛나는
하루
___
27

김장김치 보시

남양주 동부희망케어센터에
김장김치 100킬로그램을 전달했습니다.

복지 사각지대에 있어서
필요한 도움을 제때 받지 못하는 분들이 많습니다.
하지만 개인이 이런 분들을 일일이 찾아다니며
도움을 드리는 데에는 한계가 있습니다.

내가 할 수 있는 일을 고민하다가
면사무소에 연락했더니
동부희망케어센터를 연결해주었습니다.
남양주 지역 복지 사각지대에 놓인
어르신과 아동들을 위한 복지단체였습니다.

배추 65포기를 담가 만든 100킬로그램의 김장김치는
도움의 손길이 필요한 독거노인들에게 보내진다고 합니다.

음식 보시는
내가 가장 잘할 수 있는 보시입니다.
앞으로도 열심히 음식 만들고 널리 나누겠습니다.

출가와 깨달음⁽¹⁾
_산전수전 공중전

열여섯 살 때부터 봉제공장 일을 시작했습니다.
일하다 만난 남자와 아이를 갖고 가정을 꾸렸지만,
외벌이 가장 노릇을 해야 했습니다.
공장 벌이만으로는 가족을 먹여 살릴 수 없어서
투잡, 스리잡을 뛰었습니다.

이혼 후에는 홀로 아들을 키우면서
식당 일, 가사도우미, 배달, 대리운전, 노점 장사까지
안 해본 일 없이 죽도록 일했습니다.
그렇게 밤낮없이 고생하는데도
매 끼니를 때우는 일조차 버거웠습니다.

아침에 눈 뜨는 일이 지긋지긋해서
극단적인 생각도 여러 번 했습니다.
하지만 이 역시 마음처럼 되지 않았습니다.

먼 과거 이야기가 아니라
불과 10년 전까지의 일입니다.
어려서 출가한 스님들은 겪어보지 못했을
'산전수전 공중전'을
나는 이렇게 온몸으로 치러냈습니다.

지금은 부처님께 귀의해서
하루하루 감사한 마음으로 살고 있지만,
10년 전만 해도 내가 머리 깎고 스님이 되리라고,
지금까지 삶을 지속할 수 있으리라고
감히 상상하지 못했습니다.

참, 알 수 없는 인생입니다.

출가와 깨달음⁽²⁾
_짜릿했던 첫 만남

고된 삶에 지쳐
여러 번 나쁜 마음을 먹었지만 전부 실패하고,
죽지 못해 꾸역꾸역 살던 때였습니다.

우연히 들른 한 불교서점에서
눈에 꽂히는 책 한 권을 뽑아들게 됐고,
책을 사서 집에 돌아온 그날
밤을 꼬박 새워서 완독했습니다.
한자 뜻을 모르는데
희한하게도 내용이 전부 이해되고
부처님 뜻이 마음에 와 닿았습니다.

부처님이 내 고통을 알아주는 것 같아
펑펑 울며 책을 읽고 또 읽었습니다.

이 책이 바로 그 유명한
〈묘법연화경〉입니다.

머리보다 마음이 먼저 반응했던
부처님과의 첫 만남.
지금 생각해도 짜릿하고 신기한 경험입니다.

살맛나는
하루

30

출가와 깨달음⁽³⁾
_우연과 운명

〈묘법연화경〉으로 부처님과 처음 만난 후
알 수 없는 힘에 이끌려 용화미륵암에 터 잡았지만
처음 2년간은 속세에 미련을 버리지 못해
머리도 깎지 않은 채
수행자도 재가자도 아닌 보살로 지냈습니다.

그러던 어느 날 묘한 꿈을 꾸었습니다.
탑 앞의 촛대에 불이 켜 있고,
비구니가 그 앞에서 무릎을 꿇고
기도하고 있었습니다.
'부처님 뜻이구나!'

그제야 운명을 받아들이기로 결심하고
잠에서 깨자마자 미용실에 가서
머리를 깎았습니다.

눈물이 날 줄 알았는데
그렇게 홀가분할 수 없었습니다.
이후 원적사 남은 스님을 은사로 계를 받고
보현이란 법명을 갖게 됐습니다.

56억 7,000만 년 뒤 미륵불이 나투어 만든다는 용화세계.
나, 보현이 이곳 용화미륵암에 터 잡게 된 것은
우연일까요 운명일까요.

미역

아욱

백태

―

시원하게
끓이기

―

청국장

묵은지

미역

겨울부터 초봄까지가 제철인 미역은
비타민, 미네랄 등 다양한 영양소를
지닌 바다의 슈퍼푸드입니다.
칼륨이 많이 들어있어 피를 맑게 하고
기력 회복에 더할 나위 없이 좋습니다.

들깨된장미역국

언제 먹어도 속이 편한 들깨된장미역국입니다.
기본 식사 메뉴로도 해장국으로도 매우 좋지요.

재료
건미역 1줌, 들깻가루 1큰술, 된장 1/2큰술, 조선간장 1/2큰술, 채수 7컵

만들기
1 미역을 물에 불린 후 손가락 두 마디 크기로 썬다.
2 냄비에 채수, 된장, 불린 미역을 함께 넣고 강불로 끓인다.
3 국이 끓기 시작하면 들깻가루를 넣는다.
4 미역이 푹 무를 때까지 중불로 끓인다.
5 조선간장으로 간한다.

더 알아보기
위 레시피는 미역과 들깻가루 본연의 맛을 살리기 위해 마늘을 넣지 않았지만, 조금 더 감칠맛을 내고 싶으면 다진 마늘을 추가하면 됩니다.

아욱

'가을 아욱은 문 닫아 걸고 먹는다'는 말이 있을 정도로
아욱은 맛과 영양이 훌륭한 채소입니다.
중국에서는 '채소의 왕'으로 불린다고 합니다.

된장아욱국

입맛 없는 날 밥 한 술 말아 후루룩 먹기 좋은 된장아욱국을 소개합니다. 짜거나 텁텁하지 않아 환자식으로도 아주 좋습니다.

재료

아욱 1줌, 된장 1큰술, 청양고추 1개, 대파 1/8개, 다진 마늘 1/2큰술, 채수 10컵, 조선간장 약간

만들기

1 아욱을 파란 물이 나올 때까지 손으로 치대며 씻는다.
2 채수에 된장을 풀고 강불로 한소끔 끓인다.
3 치댄 아욱을 넣고 아욱이 물러질 때까지 중불로 끓인다.
4 어슷썬 고추와 대파, 다진 마늘을 넣는다.
5 조선간장으로 간한다.

더 알아보기

아욱을 주무르지 않고 그냥 끓이면 식감이 부드럽지 않으니, 꼭 파란 물이 나올 때까지 아욱을 충분히 치댄 후 끓입니다.

백태

절에서 콩은 주요 단백질 보충원으로,
다양한 음식에 활용되는 아주 귀한 음식입니다.
메주콩, 노란콩으로도 불리는 백태는
두부와 메주를 만드는 데 쓰입니다.

콩탕

두유를 짜낸 콩비지로 찌개를 끓이면 식감이 뻑뻑하고 국물이 혼탁해집니다. 용화미륵암에서는 불린 콩을 짜서 비지로 만들지 않고 물과 함께 곱게 갈아서 끓입니다. 그러면 콩의 영양소도 빠지지 않고, 식감도 부드러워져 목 넘김이 좋은 콩탕이 됩니다.

재료
백태(노란콩) 1/2컵, 묵은지 적당량, 고춧가루 1/2큰술, 다진 대파(대파 1/8개), 다진 마늘 1/2큰술, 채수 5컵, 조선간장 약간

만들기
1. 콩을 더운물에 1시간 정도 불린다.
2. 불린 콩과 채수를 믹서에 넣고 곱게 간다.
3. 믹서에 간 콩을 냄비에 담고, 물에 씻은 묵은지를 송송 썰어 넣는다.
4. 고춧가루, 다진 대파, 다진 마늘을 넣고 구수한 냄새가 날 때까지 끓인다.
5. 조선간장으로 간한다.

더 알아보기
조선간장 대신 멸치나 소고기 맛을 내는 조미료를 넣으면 감칠맛이 더 좋아집니다. 얼큰하게 먹고 싶으면 청양고추를 썰어 넣으면 됩니다.

청국장

콩으로 만든 대표 발효 식품인
청국장은 장의 독소를 배출하고
몸의 면역력을 높이는 슈퍼푸드입니다.
일본의 낫토보다 항암효과가
뛰어나다고 알려집니다.

된장청국장찌개

청국장에 된장을 함께 넣어 끓이면 맛이 더 깊어집니다.
평소 먹던 된장찌개나 청국장찌개에 변화를 주고 싶으면
시도해 보세요.

재료

청국장 1큰술, 된장 1/3큰술, 감자 1개, 양파 1/4개, 애호박 1/8개,
다진 대파(대파 1/8개), 다진 마늘 1/2큰술, 채수 4컵, 조선간장 약간

만들기

1 감자, 양파, 애호박를 나박썰기 해 채수에 넣고 끓인다.
2 야채가 익으면 청국장과 된장을 물에 풀어 넣고 한소끔 끓인다.
3 다진 대파, 다진 마늘을 넣고 한소끔 더 끓인다.
4 조선간장으로 간한다.

더 알아보기

청국장과 된장을 처음부터 넣고 끓이면 감칠맛이 떨어지니
야채를 먼저 끓인 다음에 넣습니다. 다진 대파와 다진 마늘을 넣을 때
청양고추도 1개 썰어 넣으면 조금 더 칼칼한 맛을 즐길 수 있습니다.

묵은지

김치를 직접 담가 먹는 가정집이면
대부분 갖고 있는 식재료입니다.
비타민과 식이섬유, 유산균이
골고루 들어있습니다.

묵은지감자짜글이

감자의 폭신폭신한 식감과 묵은지의 깊은 맛이 어우러지는 묵은지감자짜글이입니다. 쌀밥에 쓱쓱 비벼 먹으면 두 공기도 거뜬하죠.

재료
묵은지 1/2~1/4포기, 감자 2개, 두부 1/4모, 대파 1/8개, 채수 3컵, 소금 적당량
양념 고춧가루 1큰술, 무조청 1큰술, 다진 마늘 1/3큰술

만들기
1. 묵은지를 찬물에 깨끗이 씻고 한 입 크기로 썬다.
2. 감자와 두부는 한 입 크기로 썰고 대파는 어슷썬다.
3. 냄비에 채수, ①, ②, 양념 재료를 넣고 국물이 자작해질 때까지 끓인다.
4. 소금으로 간한다.

더 알아보기
묵은지에 식용유 1큰술, 무조청 1큰술을 넣고 볶아서 사용하면 더 부드러운 맛이 납니다. 부드럽고 달콤한 맛보다 깔끔하고 칼칼한 맛을 원하면 레시피대로 조리하되 청양고추 1개를 썰어 넣고 끓이면 됩니다.

출가와 깨달음⁽⁴⁾
_집착 버리자 찾아온 선물

지금은 유튜브 '요리9단보현스님'이
과분한 사랑을 받고 있지만
처음부터 탄탄대로는 아니었습니다.

처음 올린 고들빼기김치 영상은
3주 동안 딱 다섯 분이 봐주었습니다.
대중이 마음 편히 기댈 곳이 되겠다는
원력을 가지고 시작했는데,
정작 대중의 반응이 없자
계속해야 할지 그만둬야 할지
고민이 많았습니다.

답답한 마음에 부처님께도 물어봤습니다.
하지만 언제나 그렇듯
부처님은 지혜만 주실 뿐
정답을 알려주지 않았습니다.

유튜브를 시작했을 때의 원력을
다시 떠올렸습니다.
인기와 부귀영화를 누리겠다는 욕심이 아닌
고통 받는 대중의 의지처가 되겠다는 원력.

아무도 관심 주지 않아도
내가 하기로 마음먹은 일이고
결국 내가 해야 할 일이었습니다.

그때부터 조급해하지 않고
조회수에 연연하지도 않고
매일 하루에 하나씩
꾸준히 영상을 촬영해서 올렸습니다.

'요리9단보현스님'.
시작은 보잘것없었지만,
현재는 수십만 구독자를 대상으로
수행 전법하는 도량이 됐습니다.
돈이 없어도
누구나 언제든 들어설 수 있는
세상에서 가장 문턱 낮은 온라인 도량입니다.

살맛나는
하루

출가와 깨달음⁽⁵⁾
_'인생 9단' 보현 스님

어떤 사람들이 절에 찾아올까요?

잘살고 마음 편안한 사람들도 절을 찾지만
삶이 힘들고 고민 있는 사람들이
주로 절에 찾아옵니다.

속세에서 산전수전 공중전을 모두 겪고
뒤늦게 출가한 나는,
가슴에 무거운 짐을 품은 채
지푸라기 잡는 심정으로 절을 찾는 사람들의 마음을
누구보다 잘 압니다.

지금 와서 돌이켜보니
속가에서의 말 못할 고생도,
뒤늦은 출가도
모두 부처님 뜻 같습니다.
책상머리에 앉아 공부만 했으면 겪지 못했을
인연들이 차곡차곡 쌓여
지금의 나, '인생 9단' 보현 스님을 만들었습니다.

절을 찾는 중생들의 다친 마음을 들여다보고
나의 경험을 나누며 위안을 줄 수 있는,
중생들의 고된 삶을 기꺼이 품어 안을 수 있는
그런 그릇을 가진 스님이고 싶습니다.

웰컴 투 '보현표' 셰어하우스

불교계에도 복지 사각지대가 있습니다.
바로 노스님입니다.

많은 스님들이 열악한 노후를 보냅니다.
평생 수행하느라 모아둔 돈도 없고
아플 때 돌봐주는 자식도 없어서
관심 받지 못하고 방치되다가
암자에서 백골 상태로 발견되기도 합니다.

재가자의 노후는 나라가 도와주지만
노스님들은 나라도 구해주지 못합니다.
어릴 때 출가해서
평생 산속에서 수행하고
사찰 규범을 따르며 살던 스님들이
속세에서 재가자들과 함께 섞여 살아가는 일이
말처럼 쉽지 않기 때문입니다.
노스님에 대한 종단 차원의 대책도
아직은 부족한 상태입니다.

그래서 떠올린 것이
노스님들의 기본 생활을 보장하는
'보현표' 셰어하우스입니다.
가진 것 없고 의지할 곳 없는 노스님들이
셰어하우스에 모여 살면서
아프면 병원에 가서 치료도 받고
적적하면 집 앞 텃밭도 가꾸고
평생 해온 수행과 교화도 이어나가면서
노후를 보낼 수 있으면 얼마나 좋을까요.

내 공덕과 불자들의 원력을 모아
노스님들을 위한 셰어하우스를 지을 날,
"안녕하세요, 보현입니다!" 대신
"어서 오세요, 보현입니다!"를 외칠 날이
기다려집니다.

살맛나는
하루
―――
34

대체 불가한
그 시절 엄마 손맛

호박을 따왔습니다.

못생긴 호박

잘생긴 호박

초록 호박

노란 호박….

이 노란 호박을 보면

속가 어머니가 살아계실 적 만들어주던

호박죽이 생각납니다.

어머니는

늙은 호박을 물에 쪄서

노란 속을 숟갈로 긁어낸 뒤

물에 갠 밀가루를 넣고

죽을 쒀주었습니다.

웬만한 요리는 자신 있는

'요리 9단' 보현 스님인데

호박죽만큼은 아무리 노력해도

어머니가 해주던

그 맛이 나지 않습니다.

어머니 레시피 그대로 만드는데

왜 그 시절 그 맛이 나지 않는 걸까요.

보현
출장미용실 오픈

오늘은 보현 출장미용실 오픈일!
거동이 불편한 동네 어르신 머리를 잘라드리러
덜그럭덜그럭 장비를 챙겨
손님 집으로 직접 찾아갑니다.

볕드는 집 앞 마당에 의자를 놓고
오늘의 손님을 앉힙니다.
손님 옷에 머리카락이 떨어지지 않게
어깨에 보자기까지 살뜰히 씌워드립니다.

"할머니, 머리를 짧게 칠까요, 길게 칠까요?"
"짧게."
"그럼 지금 스타일 그대로 깔끔하게 기장만 자를게요."

싹둑싹둑
싹둑싹둑
길게 자란 머리를 거침없이 잘라낸 뒤
손님에게 손거울을 쥐여드립니다.

"할머니, 이 정도만 자르면 되죠? 어차피 모자 쓸 거잖아."
"응, 괜찮아. 고만 잘라도 돼."

손님 표정을 보니
자른 머리가 퍽 마음에 드시는 눈치입니다.
이제 스펀지를 이용해
손님 목에 잘게 떨어진 머리카락을
꼼꼼히 털어드리며 마무리합니다.

오늘의 보현 출장미용실은 이렇게 문을 닫지만,
어르신 머리가 자라면 언제든 출동입니다!

당면

막걸리

———

색다르게
즐기기

———

쑥

단호박

당면

탱탱하고 탄력 있는 식감의 국수로,
주로 전골이나 잡채 요리에 활용합니다.
탄수화물 함량이 높으니 한 번에
너무 많이 섭취하지 않도록 합니다.

당면강정

직접 개발한 용화미륵암 명물, 당면강정입니다.
누구든 한 번 맛보면 반할 수밖에 없는 달콤하고 고소한
영양 간식입니다.

재료

당면 2인분, 견과류 1컵, 설탕 1/2컵, 식용유 4컵, 물엿 1/2컵

만들기

1 당면을 손가락 한 마디 크기로 자른다.
2 자른 당면을 식용유에 튀겨서 건져둔다.
3 팬에 설탕과 물엿을 넣고 거품이 생길 때까지 중불로 끓인다.
4 튀긴 당면과 견과류를 ③에 넣고 소스가 잘 배게 뒤섞는다.
5 ④를 종이 포일을 깐 쟁반 위에 붓는다.
6 반죽 위에 종이 포일을 덮고 꼭꼭 눌러 평평하게 모양을 잡는다.
7 반죽이 완전히 식기 전에 한 입 크기로 네모지게 썬다.

더 알아보기

강정 반죽의 온기가 남아있고 질감이 말랑말랑할 때 썰어야
강정이 부서지지 않습니다.

막걸리

쌀밥을 지어 식힌 후 누룩과 물을 섞어
발효시킨 한국의 전통주입니다.
유산균과 식이섬유, 비타민 등
영양소가 풍부해 적당히 마시면
약이 된다고 합니다.

막걸리 술빵

지금처럼 주전부리가 다양하지 않던 시절, 출출할 때마다 꺼내 먹던 겨울 간식입니다. 옛날 그 시절이 떠오르는 추억의 맛입니다.

재료
생막걸리 2컵, 우유 1컵, 검은콩 1/2컵, 밀가루 4 1/2컵, 설탕 1컵, 베이킹파우더 1큰술, 소금 약간

만들기
1 검은콩을 따뜻한 물에 1시간 정도 불린다.
2 막걸리, 우유, 설탕, 소금을 거품기로 섞는다.
3 ②에 밀가루, 베이킹파우더를 넣고 손으로 치대 반죽한다.
4 반죽을 따뜻한 곳에서 8시간 이상 발효시킨다.
5 반죽이 2배로 부풀면 불려둔 검은콩을 넣고 주걱으로 휘젓는다.
6 전기밥솥 찜기 기능으로 찐다.

더 알아보기
전기밥솥 기능 중 '찜기'를 선택하고 취사 버튼을 누르면 찜기 없이 간편하게 빵을 찔 수 있습니다.

쑥

'7년 된 병을 3년 묵은 쑥을 먹고
고친다'는 속담이 있을 정도로
쑥은 약성이 좋습니다.
제철인 봄에 최소한 한 번은 먹어야
아쉽지 않게 봄을 날 수 있습니다.

쑥인절미

쑥의 향긋함과 콩의 고소함이 잘 어우러지는 봄 간식입니다.
사랑하는 봄을 그냥 보내기가 아쉬워서, 봄이 멀리 떠나지 못하도록
쑥떡을 먹으며 내 몸에 봄을 간직합니다.

재료
쑥 1줌, 생찹쌀가루 4 1/2컵, 설탕 1큰술, 소금 1/2큰술, 물 2컵

만들기
1 쑥, 설탕, 소금, 물을 믹서에 함께 간다.
2 믹서에 간 쑥물을 냄비에 넣고 약불로 미지근하게 데운다.
3 데운 쑥물을 찹쌀가루에 조금씩 넣어가며 익반죽한다.
4 반죽을 여러 덩어리로 나누어서 찜기에 찐다.
5 찐 떡을 손으로 치대며 다시 한 덩어리로 만든다.
6 콩가루를 묻히고 한 입 크기로 썬다.

더 알아보기
찜기에 찐 떡은 여러 번 치대야 쫄깃해집니다.
양손에 목장갑과 비닐장갑을 차례로 끼고 뜨거운 떡을
주물럭주물럭 치대면 쫀득한 식감이 더해집니다.

단호박은 높은 당도에 비해
칼로리가 낮고 포만감이 높아
다이어트에 제격인 채소입니다.
식이섬유가 풍부해서 장 건강에도 좋습니다.

단
호
박

단호박죽

날이 추워지면 달달하고 따뜻한 죽 한 그릇이 당길 때가 있습니다.
뜨끈한 한 끼 식사로도, 간식으로도 좋은 단호박죽입니다.

재료
단호박 1/2개, 찹쌀가루 1컵, 설탕 1/2컵, 소금 1/3큰술, 물 10컵

만들기
1 단호박은 씨를 빼고 껍질을 벗겨 작게 나박썰기 한다.
2 썬 단호박을 물과 함께 믹서에 간다.
3 ②에 찹쌀가루, 설탕, 소금을 넣고 찹쌀가루가 뭉치지 않게 고루 저으며 끓여낸다.

더 알아보기
물 양은 취향에 맞게 조절합니다. 목에 훌훌 넘어가는 묽은 죽을 좋아하면 물을 조금 더 넣어 끓이고, 걸쭉한 식감의 된 죽을 좋아하면 물을 덜 넣고 끓입니다.

살맛나는
하루

———

36

학교에서
배울 수 없는 것

요즘 부쩍 어리광이 심해졌다며
민재 엄마가 아이를 절에 맡겼습니다.
그렇게 민재 군과의 2박 3일이 시작됐습니다.
학교 숙제가 세상에서 제일 싫다는 아이에게
고추 농사의 참맛을 보여줄 생각입니다.

민재야, 씨를 조금 더 뿌려!
조금 더 뿌리고, 두 발 옆으로 가.
거기에 씨를 넉넉히 뿌려.
그렇게 쏟으면 안 돼!
이렇게 골고루 뿌려야지.
잘했어, 아주 잘하고 있어.
우리 민재 농사꾼 다 됐네.

얼마 안 가 힘들다고 칭얼거릴 줄 알았는데 웬걸,
아이는 싫다 소리 한 번 않고
끝까지 스님을 따라 고추농사를 돕습니다.
참 대견한 아이입니다.

고추두렁을 만들고
비료를 뿌리고
고추를 심고 따는
일 년의 농사과정을 몸소 체험하는 일은
학교에서는 배울 수 없는
밭에서의 귀한 수업입니다.

음식이 어떤 과정을 거쳐서
내 입으로 들어오게 되는지 배운 이 아이는
미래에 쌀과 농작물을 귀히 여기는
단단한 어른으로 자라날 것입니다.

살맛나는
하루

37

오늘과
내일 사이

"민재야, 노동 끝에 먹는 과일 맛이 어때?"

"좋아요."

"시원하다, 그치?"

"네."

"땀 흘렸으니까 시원한 물에 샤워하고 와."

"스님, 우리 내일은 뭐해요?"

"새벽 기도하고 아침 공양하고 다래 따러 산에 가야지"

"다래 따서 저도 가져가도 돼요?"

"그래, 스님이 딴 다래는 스님이 가져가고

민재가 딴 다래는 민재네 집에 가져가면 되겠다.

대신 내일 새벽에 몇 시에 일어난다?"

"네 시 반!"

"그래, 네 시 반."

살맛나는
하루
―
38

비밀의 문으로
들어오는 손님

축령산 자락에 위치한
용화미륵암의 법당 뒤에는
비밀의 문이 있습니다.

이 비밀의 문을 통해
산에서 도량까지
물이 졸졸졸 내려옵니다.
1년 365일 24시간
쉬지 않고 내려옵니다.
용화미륵암 약수입니다.

위장병과 아토피에 좋다고 알려져
절을 찾는 신도 분들이
이 물을 종종 받아갑니다.

절에서는 이 약수를 받아두었다가
야채에 물을 줄 때 씁니다.
오염되지 않은 깨끗한 물,
용화사의 보물입니다.

살맛나는
하루
___
39

시골 마트 나들이⁽¹⁾
_시공간을 초월한 세상

오늘은 두부를 사러 마트에 왔습니다.

먼저 마트 구경부터 합니다.
빵 코너에 단팥빵, 꽈배기, 롤케이크 …,
반찬 코너에 젓갈, 간장게장, 장아찌 …,
채소 코너에 미나리, 애호박, 파프리카, 마늘종, 고추 …,
시골 마트라도 있을 건 다 있습니다.

과일 코너에 오니
내가 좋아하는 석류도 있습니다.
그런데 옴마야, 두 개에 7,800원?
가격이 너무 비쌉니다.

다른 과일들도 둘러봅니다.
봄에 나는 딸기,
여름에 나는 포도,
가을에 나는 배가
한자리에 있습니다.
저기 뉴질랜드 아보카도도 보입니다.

자연의 섭리대로라면
지금 계절에 나오지 않을 음식부터
바다 건너 온 음식까지,
마트에 오면 언제든 사 먹을 수 있습니다.
시공간을 초월하는 세상이라니,
세상이 무지하게 좋아졌습니다.

살맛나는 하루

시골 마트 나들이⁽²⁾
_공수래공수거

두부를 가장 작은 사이즈로 골라
딱 한 모만 장바구니에 담습니다.

절에서 마트까지 내려온 김에
물건을 충분히 사두면
부족해서 다시 사러가야 하는
번거로움이 없겠지만.
뭐든 필요한 만큼만 구입하는 습관이
몸에 배었습니다.

특히 식재료는
많이 사두면 썩혀 버릴 수 있고,
조리해서 바로 먹을 때 맛이 가장 좋기 때문에
딱 그날 쓸 만큼만 삽니다.

이런 나도 욕심이 생길 때가 있습니다.
반찬을 담는 예쁜 그릇이나
찜기와 냄비 같은 조리 기구를 볼 때입니다.
하지만 물건을 쟁여 두는 일이
모두 부질없음을 알기에
식기 코너를 지날 때마다 마음을 다스립니다.

그런데 요즘은 나이가 들면서
대체 어디에 뒀는지 기억이 안 나서
두 번 세 번 사게 되는 물건들이
점점 많아지고 있습니다.

같은 물건을 여러 번 사들이다보면
나중에 짐이 억수로 많아질 텐데
걱정입니다.

오늘 내가 받은 밥상은
대지, 강물, 태양, 바람, 비 등
온 우주가 무수한 세월에 걸쳐 빚어온 선물입니다.

오늘도 맛있게 잘 먹었습니다.

**요리 9단 보현 스님의
살맛나는 밥상**

초판 1쇄 | 2022년 5월 27일

지은이 | 보현 스님

대표이사 겸 발행인 | 박장희
제작 총괄 | 이정아
편집장 | 조한별
책임 편집 | 허진
마케팅 | 김주희 김다은 심하연
본문 디자인 | 변바희 김미연

표지 디자인 | 여만엽
사진 | CIELstudio 이주현
스타일링 | jangstyle 장연정
그릇 협찬 | 바이쿠커(www.bycooker.co.kr)

발행처 | 중앙일보에스(주)
주소 | (04513) 서울시 중구 서소문로 100
등록 | 2008년 1월 25일 제2014-000178호
문의 | jbooks@joongang.co.kr
홈페이지 | jbooks.joins.com
네이버 포스트 | post.naver.com/joongangbooks
인스타그램 | @j__books

ISBN 978-89-278-0228-0 13590

- 이 책은 저작권법에 따라 보호받는 저작물이므로 무단 전재와 무단 복제를 금하며 책 내용의 전부 또는
  일부를 이용하려면 반드시 저작권자와 중앙일보에스(주)의 서면 동의를 받아야 합니다.
- 책값은 뒤표지에 있습니다.
- 잘못된 책은 구입처에서 바꿔 드립니다.

중앙북스는 중앙일보에스(주)의 단행본 출판 브랜드입니다.